H

PZ
23
D85A92
1980

© 1980, l'école des loisirs, Paris
Loi n° 49.956 du 16.07.49 sur les publications destinées à la jeunesse :
Septembre 1980
Dépôt légal : troisième trimestre 1980, première édition
Imprimé en Espagne par Fher.

Philippe Dumas

Les avatars
de Benjamin

l'école des loisirs
11, rue de Sèvres à Paris 6e

Pour Benjamin Puech

Il s'éveille, le bonhomme
Au sortir d'un bon somme.
C'est très tôt le matin.
Benjamin
Il se nomme.

7

Les grandes personnes
L'ont à la bonne:
Elles aiment tant
Les enfants!

Elles aiment les animaux aussi.
Voici ce qu'elles disent de lui:

9

Il a une taille de *guêpe!*

Sa bouche est en cul de *poule!*

Quand il brait comme un *âne*,
Ça lui met des *chats* dans la gorge!

Il est têtu comme une *mule,*
Vaniteux comme un *paon!*

Tour à tour muet comme une *carpe*
Et bavard comme une *pie!*

Doux comme un *agneau* dans l'espoir d'un bonbon;
Un vrai *tigre* en cas de refus!

Au moindre bruit détalant comme un *lapin*
Car légèrement *poule* mouillée…

En général d'une gaîté de *pinson;*
Mais il lui arrive de pleurer comme un *veau.*

Il fait l'*autruche* quand on le gronde,
Et le *singe* à tous propos...

Sur le chemin de l'école, un véritable *escargot !*
A table, un appétit d'*oiseau*...

Très fin *renard* pour échapper aux épinards.
Il n'aime que le dessert et mange comme un *cochon*.

Très à *cheval* sur ses droits,
C'est Papa qui doit le porter au lit pour la sieste.
Il y dort comme un *loir*.

De l'avis de sa sœur,
Il est adroit comme un *ours*,
Gentil comme un *chameau*,

Prêteur comme la *fourmi*,
Prodigue comme l'*écureuil*,

Travailleur comme la *cigale*,
Actif comme un *lézard*,

Rapide comme la *tortue*, etc.
Surtout, une vraie *mouche* du coche!

Il faut le traîner comme un petit *chien* au marché.
En revanche, il fait des bonds de *cabri*
Dès qu'il voit ses copains.

Il répète leurs bêtises comme un *perroquet*.
Ensemble, ces garnements ne parlent pas
Un bon français...

Benjamin fait le pied de *grue* devant la pâtisserie:
Maman lui achète un croissant...

... C'est un éclair qu'il voulait !
Grignotons un peu quand même...

En rentrant, on se croise avec Madame Strudel
Qui est née en Alsace et qui en a gardé une pointe d'acce

Tous les soirs c'est la même chose :
Avant le dîner une toilette de ....

Au dîner, une faim de . . . .
Après le dîner, excité comme une . . . .

Refusant de se coucher avec les ....
Se faisant attraper comme du .... pourri.

Myope comme une ....
Quand il s'agit de trouver son pyjama.

Dans le noir
Benjamin se révolte contre ces animaux
Qui l'accompagnent toute la journée
Et qui le poursuivent jusque dans ses rêves.

Le lendemain
Il se réveille
Dans de nouvelles
Dispositions :
Désormais
Benjamin
Ne sera plus qu'un *garçon*
Voilà sa décision.

Mais dès qu'il apparaît,
Les grandes personnes s'écrient :
Mon lapin !
Mon poussin !

Mon canard!
Mon p'tit rat!

Mon chat !
Mon coco !

Une vraie conspiration !

Benjamin se referme comme une huître.
Autour de lui on s'interroge sur la conduite à tenir.

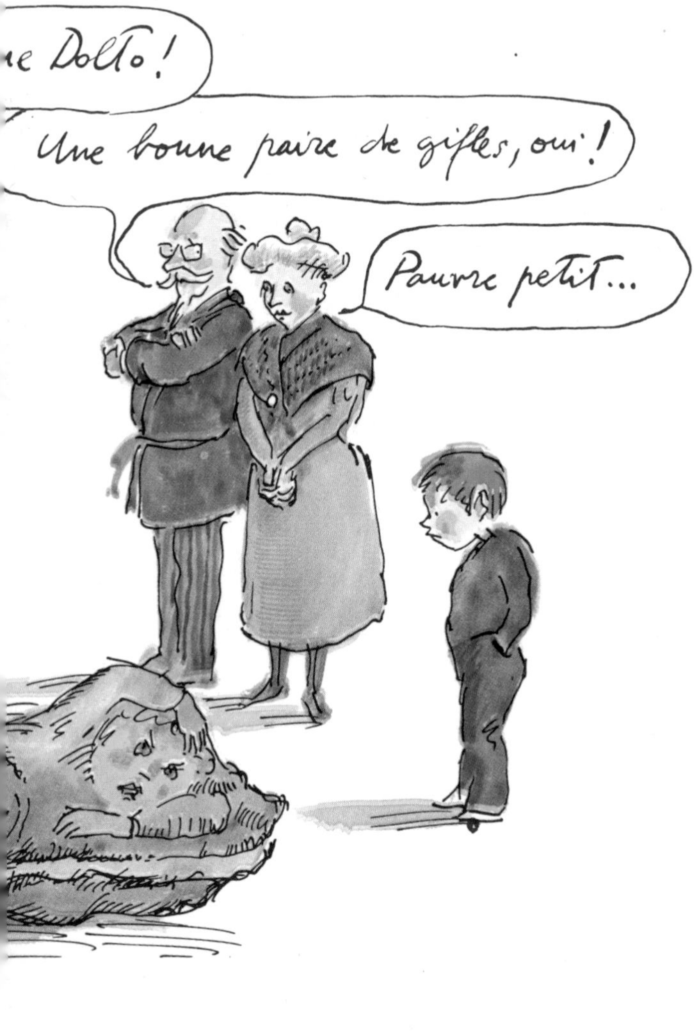
ne Dolto!
Une bonne paire de gifles, oui!
Pauvre petit...

Mais Benjamin a renoncé à faire l'enfant.

« Puisque animal il faut être,
Mieux vaut choisir sa bête. »

« Eh bien je serai éléphant ! »

« L'éléphant est l'empereur des animaux.
C'est lui le plus fort, le plus savant.
Il est tout à fait beau.

Et puis il vit jusqu'à cent ans...»

« Quand je serai éléphant,
Tant pis pour mes parents :
Je me coucherai tard,
Et fini les épinards ! »

Benjamin espère que sa trompe
va pousser.